LE CHATEAU

DE

RAMBOUILLET

ET SES

DÉPENDANCES

RAMBOUILLET

IMPRIMERIE ET LIBRAIRIE DE RAYNAL

1871

A MADAME X. X. X.

J'aurais voulus vous envoyer une description détaillée du domaine et du château de Rambouillet que j'habite en ce moment en qualité de soldat, mais je n'ai pu trouver la notice, que mon savant confrère, M. Auguste Moutié, président de la Société archéologique de Rambouillet, a consacré à la ville de ce nom, dont il possède, mieux que personne, la chronique et les traditions.

Malheureusement l'édition de son ouvrage est épuisée, et je suis forcé de vous donner moi-même un extrait des documents que l'auteur a bien voulu me communiquer, et qu'il a mis avec une rare complaisance à ma disposition.

J'ai aussi trouvé des renseignements précieux dans l'ouvrage de M. Delorme, ancien maire de Rambouillet, et je dois beaucoup de communications diverses à MM. Duchemin, Emile Bellet et De La Motte, maire de Rambouillet; il est convenu que tout ce que vous trouverez ici d'intéressant vient de ces messieurs; le reste viendra de moi.

Veuillez agréer, Madame, l'hommage de mes respectueux sentiments.

HOUËL.

Rambouillet, 31 mai 1871.

HISTORIQUE

Parmi les *Buissons* fameux de l'ancienne Gaule, se trouvait aux temps mérovingiens la forêt des Yvelines, dont les fastes légendaires se mêlent à ceux de la Table Ronde et au souvenir des rois chevelus.

Cette immense forêt, située entre Paris et Chartres, s'étendait sur le Parisis, le Pincerais, le Comté de Madrie, l'Etampois et le pays Chartrain.

« Comme tous les domaines royaux à cette épo-
» que, » dit M. Moutié, « elle était divisée en man-
» ses, en terres, en maisons et bâtiments d'exploi-
» tation, occupés par des colons et des serfs, parse-
» mée de bois, de vignes, de campagnes, de prairies,
» de pâturages, entrecoupée d'eaux courantes et
» stagnantes, peuplée de nombreux troupeaux de
» toute espèce et de leurs pasteurs, abondante en

» bêtes sauvages, en gibier de tout genre et confiée
» à la garde des forestiers dont les habitations
» étaient disséminées dans toute son étendue. »

C'était là que les rois de la première race venaient chasser l'urus et le bison et préludaient aux travaux de la guerre par ceux de l'équitation et de la vénerie, ces deux exercices privilégiés de tous les peuples forts. C'est là, que Charlemagne courait à travers les arbres et les halliers couvert d'un simple sayon de peau de buffle et qu'il s'amusait à voir tomber en lambeaux les vestes de soie des courtisans qui se hasardaient à le suivre, c'est là que Carloman fut blessé à mort par un sanglier; c'est là enfin, à la suite d'une chasse que Charles le Gros ressentit les premières atteintes de la maladie qui devait le conduire au tombeau.

Comme la plupart des grandes forêts qui couvraient le sol de la Gaule, l'Yveline faisait partie dès l'origine de la monarchie du domaine de nos rois. Pépin la posséda au même titre et en distribua des portions plus ou moins considérables à diverses abbayes. En 768, il donna tout ce qu'il en restait à l'abbaye de Saint-Denis pour *le repos de son âme et le prix de sa sépulture.*

C'est dans une charte de ce roi que l'on trouve pour la première fois le nom de Rambouillet, petit village alors perdu dans les profondeurs de l'Yveline.

Charlemagne confirma cette donation en 774, mais elle fut disputée dans la suite par plusieurs seigneurs puissants du voisinage, aussi voyons-nous que l'abbé Suger, voulant en affirmer la possession à son abbaye, résolut de consacrer le droit de chasse d'une manière officielle; ce droit étant un titre principal de propriété dans les temps féodaux.

« Il vint donc un jour, » dit M. Moutié, « accompagné de ses amis et de ses vassaux, des comtes d'Evreux, d'Amaury de Montfort, de Simon de Neauphle, d'Ebrard de Villepreux, et d'une foule d'autres chevaliers avec lesquels il chassa une semaine entière couchant sous des tentes et tuant une grande quantité de cerfs qu'il fit porter à Saint-Denis et distribuer aux frères malades du monastère. »

Le diplôme indique que la peau des cerfs était destinée à la fabrication des livres de l'abbaye.

A la fin du dixième siècle, le fief de Rambouillet relevait de la seigneurie de Montfort; il resta dans la dépendance de cette famille jusqu'en 1239, époque à laquelle Péronnelle de Montfort, dame de Rambouillet, l'une des petites filles de Simon IV, le porta en dot à Raoul de la Roche-Tesson.

Plus tard, probablement par suite d'alliance, Rambouillet passa dans la maison de Brencourt, et par suite dans celle de Tournebu, par le mariage de Jeanne de Brencourt avec Girard de Tournebu.

Jean Bernier, conseiller et maître des requêtes de l'Hôtel du Roi, l'acheta en 1368, moyennant la somme de 700 livres tournois, et son fils Guillaume qui avait épousé Jeanne d'Epineuse l'échangea en 1384 avec Renault d'Angennes contre diverses propriétés situées à Rueil et à Bougival.

Le château de Rambouillet fut bâti par les Bernier, car lors de l'achat fait par cette famille, l'habitation n'est désignée que sous le nom de *manoir ou hébergement seigneurial*, tandis que l'acte d'échange fait seize ans plus tard le qualifie de *chastel et forteresse de Rambouillet*.

C'est donc à la fin du quatorzième siècle qu'il faut faire remonter la construction de l'ensemble du château et spécialement la grosse tour, seule partie qui en soit restée à peu près intacte et son principal ornement.

Il faut dire toutefois, en faveur de ceux qui pensent que la grosse tour fut bâtie par les d'Angennes au quinzième siècle, que la clef de voûte porte l'écusson des armes de cette famille; mais il a pu être ajouté depuis et d'ailleurs l'édifice pouvait n'être pas terminé à l'époque de l'acquisition de Regnault d'Angennes.

La famille d'Angennes était ancienne et considérée; elle était originaire du village d'Angennes dans la paroisse de Brezolles en Thimerais (Eure-et-Loir), et possédait, dit M. Moutié, un grand nombre de terres en Perche, en Beauce et en Gâtinais. Elle conserva, pendant plus de trois cents ans, le domaine de Rambouillet, et durant cette longue période, les chroniques ont consacré le souvenir de cette maison célèbre par les armes, les talents et ses relations intimes avec la cour de France. Renaud d'Angennes était en grande faveur auprès du roi Charles VI, auquel il rendit de longs et loyaux services, il fut fait grand écuyer, grand chambellan, capitaine du Louvre et embassadeur près le roi d'Angleterre. En 1415, il remit la charge de châtelain du Louvre au dauphin, fils de Charles VI, qui lui fit présent de 3,000 livres en considération de ce qu'il l'avait *enseigné au fait de la jouste et était le premier contre lequel il s'était essayé et avait jousté !*

En 1428, les Anglais, maîtres de la France entière, saccagèrent le château de Rambouillet, lequel fut réparé et modifié quelques années plus tard par Jean d'Angennes, fils de Regnault et de Jeanne d'Angelliés.

Jean d'Angennes fut gouverneur de Cherbourg, sa conduite a été diversement jugée lors du siége de cette ville. Il fut décapité à Rouen par les Anglais. Il avait épousé Jeanne de Courtremblay. Son fils Jean II lui succéda dans le fief de Rambouillet. Celui-ci épousa Philippe du Bellay, tante du cardinal de ce nom, et se distingua au service de Charles VII.

Il fut un des héros de la guerre de Cent Ans.

Le fils de Jean II, Charles d'Angennes, épousa Marguerite de Coësmes et mourut en 1514; il eut pour fils Jacques d'Angennes qui épousa Isabeau Cotereau, fille de Jean Cotereau, surintendant des finances de France. Ce fut chez Jacques d'Angennes que vint mourir un des plus grands rois dont la France s'honore. François Ier, d'illustre mémoire, atteint d'une fièvre lente vers le mois de février 1547, voulut essayer de la combattre par l'exercice de la chasse. Il se rendit d'abord à la Muette et de là à Limours, pour passer le carnaval, mais le mal augmentant, il résolut de retourner à Saint-Germain et vint en passant prendre gîte à Rambouillet. C'est là qu'il languit pendant vingt et un jours et qu'il succomba le 31 mars 1547, entouré de sa famille et d'une grande partie de sa cour. On montre encore la chambre qui reçut le dernier soupir du roi chevalier. Cette version a été contestée; on pensait que l'appartement indiqué était trop modeste et trop étroit pour avoir pu servir de logement au roi de France.

Mais M. Dumoulin, dans sa chronique manuscrite, démontre parfaitement à notre avis que la tradition concorde avec le récit du père Daniel, qui rapporte que le roi choisit lui-même cette pièce isolée et séparée des autres craignant que sa maladie ne fut contagieuse; quant à son peu d'étendue, on voit clairement que la distribution a été bien changée depuis cette époque, et que les cloisons qui la divisent sont postérieures à l'époque de François Ier.

En 1563, Nicolas d'Angennes, fils de Jacques, eut l'honneur de recevoir Catherine de Médicis, accompagnée de son fils jeune encore, le roi Charles IX. C'est à Rambouillet que cette reine vint attendre le résultat de la bataille de Dreux, et c'est là que le duc de Guise vint lui-même annoncer la victoire qu'il venait de remporter et la prise du prince de Condé.

Nicolas d'Angennes fut un des membres les plus marquants de cette illustre famille, parmi lesquels les rois de France trouvèrent tant de bras solides et tant de cœurs fidèles. Ce fut un des grands guerriers de son époque, et il fut chargé de missions importants près des cours étrangères. Choisi par Charles IX pour remplacer le duc d'Anjou, depuis Henri III, comme vice-roi de Pologne, il s'acquitta de cette mission avec le plus grand talent et un désintéressement que l'histoire a consacré. Il avait épousé Julienne d'Arquenay, et eut pour fils Charles en faveur duquel le fief de Rambouillet fut érigé en marquisat et qui fut l'époux de Catherine de Vivonne si célèbre sous le nom de marquise de Rambouillet.

Ce fut chez Nicolas d'Angennes, en 1588, que

Henri III, chassé de Paris, vint coucher tout *botté et éperonné* en se rendant à Chartres.

Henri IV venait souvent à Rambouillet visiter Nicolas d'Angennes, pour lequel il avait une grande affection et une haute estime, il coucha à Rambouillet, en 1594, en allant à Chartres pour s'y faire sacrer roi de France.

Mais si Rambouillet donnait asile aux rois de la puissance, il donnait asile aussi aux rois de la pensée. Rabelais y venait souvent à la suite du cardinal du Bellay, parent de la famille d'Angennes; on montre encore la grotte où il aimait à s'asseoir, et c'est sans doute en rêvant au charme du paysage d'alentour, qu'il trouva l'étymologie du nom de la Beauce, qu'il met dans la bouche de Gargantua, parcourant sur sa grande jument ces plaines vastes et fécondes : *Beau-ce*, beau ce pays.

Ce fut surtout à l'époque de la marquise de Rambouillet et de sa fille la *divine* Julie, que la science, la poésie, les belles-lettres, vinrent prendre place au foyer du château de Rambouillet. On sait que ces deux illustres femmes, aussi célèbres par leur esprit que par leurs vertus, eurent une influence considérable, non-seulement sur la littérature et les modes de leur siècle, mais encore sur les plus hautes questions; citons à ce propos ces lignes de M. Victor Cousin :

« La littérature, dit-il, n'était pas le sujet unique
» des entretiens; on y parlait de tout, de guerre,
» de religion, de politique ; les affaires de l'Etat y
» étaient de mise aussi bien que les nouvelles les
» plus légères, pourvu qu'elles fussent traitées avec
» esprit et avec aisance. Les gens de lettres étaient
» recherchés et honorés mais ils ne dominaient pas.
» Voilà pourquoi l'Hôtel de Rambouillet a exercé
» une influence générale sur le goût public. Chez la
» marquise de Rambouillet, régnaient la suprême
» distinction, la noblesse, la familiarité, l'art de
» dire simplement les grandes choses. »

Passer en revue les familiers de l'Hôtel de Rambouillet, qui fut le berceau de l'Académie française, serait, dit M. Emile Bellet, à la notice duquel nous empruntons ces détails, refaire l'histoire de la moitié du grand siècle. On y trouve les noms des esprits les plus distingués de ce temps, Vaugelas, Malherbe, Racan, Balzac, Corneille, Bossuet, Fléchier, les princes de Condé et de Conti, Richelieu, alors évêque de Luçon, Philippe de Cospéan, évêque de Lisieux, auquel Bossuet dédia sa première thèse de philosophie.

Voiture et Tallemant des Réaux nous ont laissé des descriptions enchanteresses des fêtes qui se donnaient dans le parc, où l'on voyait *les plus beaux arbres du monde.* Tandis que des chasses splendides se couraient au son du cor dans les forêts, les bocages du château retentissaient des récits de poëtes, des chants des virtuoses et des danses majestueuses du grand siècle.

Tallemant raconte ainsi une charmante anecdote sur les fêtes pittoresques dont le château de Rambouillet était le théâtre du temps de Julie d'Angennes :

« Il y a, dit-il, au pied du château une fort grande
» prairie, au milieu de laquelle, par une bizarrerie
» de la nature, se trouve comme un cercle de gros-
» ses roches, entre lesquelles s'élèvent de grands
» arbres qui font un ombrage très-agréable. C'est
» le lieu où Rabelais aimait à se divertir, à ce qu'on
» dit dans le pays, car le cardinal du Bellay à qui
» il était et MM. de Rambouillet, allaient fort sou-
» vent passer le temps à cette maison, et encore
» aujourd'hui on appelle une certaine roche creuse
» et enfumée la *Marmite de Rabelais*. La marquise
» proposa donc à Mgr de Lisieux d'aller se prome-
» ner dans la prairie. Quand il fut assez près de
» ces roches pour entrevoir à travers les feuilles des
» arbres, il aperçut, en divers endroits, je ne sais
» quoi de brillant. Etant plus proche, il lui sembla
» qu'il voyait des femmes et qu'elles étaient vêtues
» en nymphes. La marquise, au commencement,
» faisait semblant de ne rien voir de ce qu'il

» voyait. Enfin, parvenus jusqu'aux roches, ils
» trouvèrent Mlle de Rambouillet et toutes les de-
» moiselles de sa maison vêtues effectivement en
» nymphes, qui assises sur ces roches, faisaient le
» plus agréable spectacle du monde. Le bonhomme
» en fut si charmé que depuis il ne voyait jamais la
» marquise sans lui parler des roches de Ram-
» bouillet. »

On voit par ce récit que les tableaux vivants ne sont pas d'invention moderne.

Charles d'Angennes fut le dernier descendant mâle de sa maison. Il laissa pour unique héritière Julie d'Angennes, qui épousa Charles de Saint-Maure duc de Montaussier, gouverneur du dauphin. Madame de Montaussier devint gouvernante des enfants de France et dame d'honneur de Marie-Thérèse-Marie-Julie de Saint-Maure, fille du duc de Montaussier et de Julie d'Angennes, apporta en dot la terre de Rambouillet à Émmanuel de Crussol, duc d'Uzès, lequel la vendit à M. Fleuriau d'Hermenonville, pour la somme de 140,000 livres. Celui-ci, après y avoir fait des adjonctions et quelques embellissements, la revendit, en 1700, au comte de Toulouse, fils de Louis XIV, pour la somme de 450,000 livres.

C'est surtout depuis cette acquisition que le château de Rambouillet prit une réelle importance parmi les demeures seigneuriales de la France; le comte de

Toulouse réunit à Rambouillet les terres qui en avaient été distraites à diverses époques et en acquit de nouvelles ; il constitua ainsi un domaine considérable, érigé en duché-pairie par lettres-patentes de l'année 1711.

Des restaurations importantes furent faites au vieux château de Rambouillet, demeure principale du fils de Louis XIV ; sa jeune femme Marie-Sophie de Noailles y réunissait une cour brillante, et on y vit refleurir les fêtes gracieuses qui avaient signalé l'époque de Julie d'Angennes. Mais les habitants du pays ont surtout conservé le souvenir de l'inépuisable charité de la digne mère du duc de Penthièvre ; la ville lui doit entr'autres fondations le vaste hôpital bâti en 1731. Une plaque de marbre noir placée sur le fronton de l'édifice rappelle en lettres d'or cette pieuse fondation.

Louis XIV venait souvent au château de Rambouillet et s'y arrêtait chaque fois qu'il se rendait à Maintenon, la forêt fut le théâtre des dernières chasses du grand roi.

Le comte de Toulouse mourut à Rambouillet, le 1er décembre 1737 ; son fils Louis-Jean-Marie de Bourbon, duc de Penthièvre, lui succéda dans tous ses domaines.

Le duc de Penthièvre fit sa demeure habituelle à Rambouillet, lieu de sa naissance ; le pays tout entier a gardé le souvenir de ses bienfaits; il contribua plus qu'aucun autre à l'embellissement du domaine et des dépendances. Le duc de Penthièvre avait épousé Marie-Thérèse-Félicité d'Est, fille du duc de Modène et de Charlotte-Aglaé d'Orléans. Cette princesse mourut à l'âge de vingt-sept ans. Sa perte imprima pour jamais dans l'âme de son époux une inconsolable douleur. Il eut pour fils le prince de Lamballe, et sa fille épousa le duc d'Orléans.

Parmi les nombreuses anecdotes redites d'âge en âge sur les fastes écoulés de ces lieux, qui auraient à raconter tant d'histoires s'ils pouvaient parler, on en cite une dont le parfum s'allie bien aux grandeurs qu'il rappelle.

Un jour, Louis XV, qui avait toujours affectionné la demeure de Rambouillet, vint y voir le duc de Penthièvre. Il entre sans se faire annoncer dans la salle à manger, où se trouvait nombreuse compagnie et s'adressant au duc : — Mon cousin, lui dit-il, je viens vous demander à dîner? Sire, répond le duc, votre majesté m'honore beaucoup, mais elle voudra bien attendre que ma compagnie ait fini son repas, car ce sont les pauvres de la ville qui me font le plaisir d'être aujourd'hui mes hôtes ! Nous n'attendrons pas un instant mon cousin, reprit le roi, et il vint gaiement prendre place au milieu des mendiants de la ville qui, en effet, tous les mois venaient s'asseoir à la table du fils des rois. C'était lui-même qui présidait à la cuisine et servait de ses mains.

L'un de nos plus agréables auteurs et de nos plus charmants esprits, le premier de nos fabulistes, si La Fontaine n'existait pas, fut un des hôtes les plus assidus de Rambouillet; nous devons, dit-on, aux ombrages de ces bois les plus gracieuses compositions.

« Dès l'enfance, » dit M. Emile Bellet, « le che-
» valier de Florian avait été attaché à la personne
» du duc en qualité de page; plus tard, il fut fait
» capitaine de cavalerie dans Royal-Penthièvre.
» C'était avant tout le favori de la maison. Il com-
» posa, fit jouer et joua lui-même plusieurs pièces
» qu'on ne lit plus, mais qui ne sont pas sans grâce.
» La donnée en est essentiellement morale, qu'on
» en juge par les titres : *Le Bon Ménage, la Bonne*
» *Mère, le Bon Père!* Au sujet du *Bon Père*, Lacretelle
» raconte que Florian avait écrit cette dernière co-
» médie pour la fête du duc de Penthièvre; *le Bon*
» *Père*, c'était le duc lui-même, on le lui avait ca-
» ché à dessein, mais au dernier moment une mal-
» heureuse indiscrétion fut commise et tout se ré-
» véla. La modestie du prince fut effarouchée, il ne
» voulut pas prêter les mains à cette apothéose de
» ses vertus, la représentation de la pièce fut inter-
» dite; cela criait vengeance; aussi Florian, faisant

» fonctions de régisseur, s'avança tristement sur la
» scène et dit à la nombreuse compagnie déjà réu-
» nie : Nous espérions vous donner aujourd'hui la
» représention du *Bon Père*, mais Mgr le duc de
» Penthièvre ne veut pas qu'on le joue.

» C'était la, parodier avec à-propos le mot connu
» de Molière. »

La liste des grands souvenirs de Rambouillet serait incomplète si l'on n'y faisait revivre par la pensée l'ombre charmante de la bru du duc de Penthièvre, cette femme douée de toutes les vertus, de tous
les charmes, et pour dernière couronne de tous les
malheurs. Marie-Thérèse-Louise de Savoie-Carignan
avait épousé le prince de Lamballe, fils du duc de Penthièvre. Digne en tout d'une si belle alliance, elle fut
la dernière amie de l'infortunée reine de France, et
l'on nous permettra de citer ici une lettre de cette
dernière, qui fait connaître en même temps les trois
nobles cœurs que brisa le pilon des révolutions.

Le duc de Penthièvre, sur l'invitation de Louis XVI,
était allé présider les Etats de Bretagne dont il était
gouverneur. La princesse de Lamballe qui l'accom-
pagnait dans ce voyage, contribua par sa grâce et
son affabilité à ramener au roi l'affection des Bretons, qu'une administration déplorable avait irrités
contre les actes du gouvernement. La reine écrivit
à son amie :

« Versailles, ce 29 décembre 1774.

» Je n'ai pas besoin de vous dire, ma chère Lam-
» balle, le plaisir que j'ai eu à recevoir de vos nou-
» velles. Nous venions d'apprendre tous vos succès
» dans cette belle province que le duc d'Aiguillon
» avait irritée. Il ne fallait pas moins que Mgr de
» Penthièvre, pour y faire oublier cette administra-
» tion et y calmer les esprits. Puisque Mgr de Pen-
» thièvre a promis en partant qu'il n'aurait que des
» grâces à distribuer de la part du roi, le roi l'aidera
» de bon cœur à tenir parole; car vous savez qu'il
» aime mieux récompenser que punir. On voit par
» tout ce qui revient, que Mgr de Penthièvre a pris
» le droit chemin de faire bénir le nom du roi en
» Bretagne. Aussi on l'aime comme il mérite d'être
» aimé. Vous vous promenez tous les jours à pied
» au milieu de vos Bretons, vous marchez sur l'éti-
» quette. Vous vivez à distribuer des aumônes, mais
» c'est là une vie de bonheur! Combien je vous
» envie, ma tendre amie! Je suis enchaînée dans
» mon Versailles, contrainte à toutes les gênes de
» l'étiquette, de la représentation, et encore je suis
» loin de vous. Je vous dirais de revenir prompte-
» ment, si vous n'étiez pas si occupée à bien faire.
» Adieu, mon cher cœur, je vous aime et vous em-
» brasse de toute mon âme.

» **Marie-Antoinette.** »

La princesse de Lamballe vit mourir son jeune époux à la fleur de l'âge, et mourut elle-même de la mort des martyrs. Son trépas avança les jours du vieux duc de Penthièvre, dont cette adorable femme était devenue la seule consolation sur la terre.

Le duc de Penthièvre céda à Louis XVI le domaine de Rambouillet. Ce roi, l'un des plus grands de tous ceux que ceignit le bandeau royal, mais dont le tort fut d'être *seul* et de n'avoir pas su apprécier à sa juste valeur l'époque fangeuse où il vivait, s'était pris d'une vive affection pour le magnifique domaine dont les vastes forêts, les paisibles ombrages et la modeste habitation convenaient à ses goûts simples et sérieux.

Ce ne fut pas sans regrets que le duc de Penthièvre abandonna sa demeure chérie, et ce ne fut pas sans une vive douleur que les bons habitants de Rambouillet virent partir leur seigneur adoré. Lorsqu'il fallut quitter l'asile de son enfance, le duc comme un vieux Cacique des Florides emporta les ossements de ses pères inhumés dans la petite église de la paroisse, et la population toute entière, hommes, femmes, enfants, vieillards, suivit en habits de deuil jusqu'à Dreux, le lugubre cortége. Ces restes vénérés n'échappèrent pas toutefois aux monstres de 93, dignes aïeux des ravageurs de 1871; ils furent jetés à la voirie comme ceux des rois de Saint-Denis.

Louis XVI qui avait, comme ses ancêtres, le goût de la chasse et des habitudes équestres, fit construire à Rambouillet de vastes bâtiments pour sa vénerie et ses équipages. Ces constructions existent encore et sont un des ornements du domaine; mais le but principal du roi était de fonder dans sa nouvelle acquisition une ferme modèle, suivant les méthodes anglaises. Il fut habilement secondé dans cette entreprise par le comte d'Angivilliers, administrateur général des domaines de la couronne; il y joignit une bergerie pour la propagation des moutons mérinos. Ce fut le premier établissement français destiné à affranchir notre pays du tribut qu'imposaient à nos manufactures le commerce des laines étrangères.

On sait que la reine Marie-Antoinette avait une laiterie à Trianon; Louis XVI en fit établir une semblable à Rambouillet. Cette jolie construction, d'auguste mémoire, existe encore à peu près intacte, comme nous le verrons au chapitre qui lui est consacré. Louis XVI avait l'intention de faire rebâtir le château sur de nouveaux plans et d'en faire spécialement sa maison de plaisance, au milieu des établissements agricoles qu'il y avait créés; mais, comme on sait, la révolution de 93, qui devait en amener tant d'autres, coupa la tête au meilleur des rois, et le domaine de Rambouillet subit les dévastations et les dégâts qui atteignirent à cette affreuse époque tout ce qu'il y avait en France de glorieux, de noble, d'utile; tout ce qui portait l'empreinte de la grandeur physique et morale de la nation.

Achetés des deniers propres du roi, le château et ses dépendances relevaient du domaine privée, la Constitution de 1791 les réunit à la liste civile, mais après l'abolition de la royauté, cette vaste propriété fit retour à l'Etat et fut comprise dans les domaines nationaux. Elle fut, par suite, démembrée et l'on en vendit à tout venant les débris épars, à la réserve des bois et des forêts restés dans les mains de l'Etat.

Lorsque l'ordre fut rétabli en France, l'empereur Napoléon Ier fit réparer, autant que possible, les dégradations commises au château de Rambouillet. Il affectionnait principalement cette belle demeure et y fit de fréquents séjours pendant lesquels il chassait en forêt. Il se plaisait surtout, dit-on, à se faire raconter la vie du duc de Penthièvre et celle de Louis XVI.

L'empereur fit faire à Rambouillet l'essai de la fabrique du sucre de betterave qu'il se proposait de donner comme modèle à la France. Ce projet fut suspendu par les évènements politiques; mais il n'est pas sans intérêt de faire remarquer que c'est de Rambouillet que sont partis l'amélioration de notre industrie lainière et les premiers essais de notre industrie sucrière indigène.

Le 27 mars 1814, l'impératrice Marie-Louise, forcée de quitter Paris, arriva le même jour à Rambouillet, avec le roi de Rome ; ils en repartirent le lendemain se rendant à Blois.

Le jour même du départ de cette princesse, le roi Joseph arriva à Rambouillet et en repartit le lendemain pour rejoindre l'impératrice.

Marie-Louise revint à Rambouillet comme simple archiduchesse d'Autriche, le 12 avril de la même année. Sa garde était formée d'un détachement de cosaques.

Elle y reçut la visite de l'empereur d'Autriche, son père. L'empereur de Russie et le roi de Prusse vinrent aussi lui présenter leurs hommages pendant son séjour.

Marie-Louise partit de Rambouillet le 23 avril en faisant à la France ses derniers adieux.

A la Restauration, le domaine de Rambouillet resta dans la liste civile ; le premier des princes français qui revint visiter cette résidence, si pleine de souvenirs pour eux, fut le duc d'Angoulême ; il arriva à Rambouillet, le 12 août 1814 ; le duc de Berry n'y vint que le 3 septembre ; le 13 octobre, les deux princes vinrent chasser en forêt.

Le comte d'Artois et ses deux fils coururent la chasse le 16 novembre. Ces déplacements furent les seuls durant la première Restauration.

Pendant les Cent-Jours, Napoléon Ier ne revint à Rambouillet que pour quitter à jamais la France; il arriva au château le 29 juin, surlendemain de son abdication, et partit le 30 juin pour Sainte-Hélène.

Pendant le séjour des étrangers en France, le général Blücher vint habiter le château de Rambouillet; la chronique de la ville rapporte que les Prussiens s'y montrèrent forts exigents et forts impérieux, quant au château ils n'y commirent aucun dégât; seulement au départ, le général fit mettre dans ses malles la célèbre carte du domaine, véritable chef-d'œuvre à la confection de laquelle, selon la tradition, Louis XVI avait travaillé de ses mains. On ajoute que la duchesse d'Angoulême, avertie du fait, ne put obtenir la conservation de ce précieux souvenir de famille. Plus tard, cependant, il fut restitué à la France, mais seulement à la mort du vieux Blücher qui, comme bien des gens, pensait sans doute que ce qui est bon à prendre est bon à garder, et qui au moins prouvait par son obstination à conserver ce trophée, sans valeur intrinsèque du reste, le prix qu'il attachait au travail d'une main royale, tandis que redevenue française, les glorieux de 1830, l'arrachèrent de sa place et la reléguèrent dans un obscur réduit du château de Versailles. C'est là où elle fut retrouvée par M. Paccard, architecte, dont le nom mérite d'être conservé, et remise dans le salon d'honneur du château de Rambouillet.

Toutefois, cette précieuse relique n'est pas à la fin de ses vicissitudes. Lors de l'invasion prussienne de 1870, la municipalité de Rambouillet, craignant un nouvel enlèvement, la fit détacher du salon où elle était appendue pour la dérober à l'admiration trop exclusive des compatriotes de Blücher, et la plaça dans un lieu retiré où elle se trouve encore, prête à être remise à sa place, si jamais il vient un jour en France où nous n'ayons à craindre ni le vandalisme étranger, ni surtout le vandalisme indigène.

A la seconde Restauration, le château de Rambouillet, compris comme sous l'Empire dans les biens de la couronne, reprit, sinon sa splendeur, du moins son animation. Louis XVIII n'y vint qu'une seule fois; il y resta trois jours, pendant lesquels il y eut chasse d'apparat. Mais ce prince peu chasseur du reste était sujet à des attaques de goutte qui lui interdisaient les fatigues des voyages.

Le comte d'Artois, depuis Charles X, avant comme après son avènement au trône y chassait plus souvent que partout ailleurs; le duc d'Angoulême, pendant la saison, y venait tous les cinq jours.

Le 12 septembre 1828, le duc d'Orléans, depuis Louis-Philippe Ier, vint visiter avec sa famille le château et les domaines de Rambouillet, lieu de naissance de sa mère, la duchesse douairière d'Orléans, fille du duc de Penthièvre, dont elle rappelait les vertus.

Au mois de mai 1830, le duc de Bordeaux, alors âgé de dix ans, vint passer trois jours au château de Rambouillet, accompagné du baron de Damas, son gouverneur, et de l'abbé Tharin, son précepteur. Quelques jours après, le roi de Naples, père de la duchesse du Berry, s'y arrêta deux jours et y fut reçu par les duchesses d'Angoulême et de Berry, qui étaient venues au-devant de lui.

Le lundi 26 juillet 1830, Charles X vint selon son habitude chasser à Rambouillet ; le cerf n'avait pas été pris, la chasse avait été triste et ne dura pas longtemps. Le roi rentra au château vers quatre heures et annonça aux convives la signature des ordonnances. Le dîner achevé, Charles X monta en voiture et retourna à Saint-Cloud ; on remarqua qu'il était accompagné du dauphin qui restait ordinairement jusqu'au lendemain.

Le samedi 31 juillet, le régiment de chasseurs en garnison à Chartres, arriva à Rambouillet, on annonça en même temps que le roi à la tête de sa garde se repliait sur cette ville, le roi arriva en effet vers dix heures avec une suite nombreuse, 12,000 hommes environ, infanterie et cavalerie, et 22 pièces de canon. Les troupes campèrent autour du château.

Le dimanche 1ᵉʳ août, arrivèrent le duc et la duchesse d'Angoulême, laquelle revenait d'un long voyage dans l'est de la France. Pendant les jours qui suivirent, les troupes, bien que démoralisées et ébranlées par de perfides conseils, arrivèrent à former un corps de 15,000 hommes environ.

On connaît les détails de ces fatales journées, on sait comment le roi, trompé par des traîtres sur le nombre des révoltés venant de Paris qui, disait-on, s'élevait à plus de 100,000, et qui en réalité ne dépassait pas 1,200 hommes, comme le prouve le compte des rations de vivres qui leur furent distribuées le lendemain, par la municipalité de Rambouillet, résolut, pour éviter l'effusion du sang, de prendre pour la dernière fois la route de l'exil.

Qui sait pourtant, si une charge des gardes du corps seulement, n'eût pas suffi à dissiper cette horde de voyous, et ne nous eût pas évité par là les révolutions, les despotismes, les invasions, les hontes, que la France a eu à subir depuis cette époque, et sous la serre desquels elle se débat encore à l'heure où j'écris ces lignes.

Un détail précieux, c'est que pour le retour, ils eurent soin de prendre les voitures de la cour restées à Rambouillet, mais qu'ils firent préalablement cribler de balles, pour faire croire qu'ils avaient couru quelque danger. — *Infamie et puérilité!* devise des révolutions françaises.

Ce fut dans une des salles du château que le dernier roi légitime signa son abdication et le dauphin sa renonciation au trône, en faveur de son neveu, le duc de Bordeaux. Charles X quitta Rambouillet le 2 août, entouré de sa famille, du dauphin, de la fille de Louis XVI, de la veuve du duc de Berry, du duc de Bordeaux, âgé de dix ans, de la princesse Louise depuis duchesse de Parme, et suivi de ses fidèles gardes du corps et d'une batterie d'artillerie commandée par un lieutenant, loyal breton, nommé Boblaye.

Le roi traversa lentement la Beauce et la Normandie et vint s'embarquer à Cherbourg, laissant pour adieux à la France, qui l'avait méconnu, en échange de l'exil qu'elle lui imposait, la magnifique conquête de l'Algérie.

Après la révolution de 1830, le roi Louis-Philippe réclama, dans sa liste civile, le domaine de Rambouillet, lieu de naissance de sa mère, digne fille du duc de Penthièvre, mais la chambre des députés s'y opposa, le château et le parc furent compris dans les biens de l'Etat, et loués à l'encan. Les bois furent administrés par la direction des forêts, on abattit les magnifiques cordons d'arbres qui ombrageaient les avenues dont la longueur est estimée à 120 myriamètres, près de 300 lieues, et l'on fit fermer les routes qui, jusqu'alors, avaient été la promenade favorite, non-seulement des habitants du pays, mais encore des étrangers accourus de tous côtés pour admirer l'une des plus belles forêts de l'Europe. Le château fut loué par M Schickler pour douze ans, il fut habité plus tard toujours en location par M. le comte du Chatel.

La révolution de 1848 fit tomber plus bas encore le château de Rambouillet ; il fut affiché pour la troisième fois et loué à un entrepreneur de fêtes publiques.

« Ainsi, » dit M. Moutié, « le vieux château
» dans lequel mourut François Ier, la demeure de
» la marquise de Rambouillet, les jardins de la belle
» Julie d'Angennes, la résidence du vertueux duc
» de Penthièvre, le palais de prédilection du mal-
» heureux Louis XVI, le dernier asile du grand
» Napoléon, et le seuil où vint s'abîmer une mo-
» narchie de quatorze siècles, furent convertis en
» cabaret et en bastringue. »

Le second Empire qui sut rendre justice aux vieilles gloires de la France, fit réunir le château et les domaines à la liste civile, et si de grands travaux n'y furent point exécutés, des réparations conservatrices y furent pratiquées avec le plus grand soin.

Napoléon III venait chasser souvent en forêt,

mais il ne séjournait pas au château. Les tirés de Rambouillet, toujours garnis d'une énorme quantité de gibier, attiraient une affluence considérable dans la ville et contribuaient à y répandre l'aisance et la prospérité.

Parmi les travaux éxécutés dans le château, dans les temps derniers, on doit citer la restauration et le nettoyage des belles boiseries sculptées des salons, travaux, dont la direction fut confiée à M. Isabey, architecte des domaines de la couronne.

Le château de Rambouillet fut habité pendant une année par Mme la princesse Bacchiocci, qui depuis installa en Bretagne de belles exploitations agricoles.

En ce moment, au milieu des horreurs qui se commettent à Paris, après les malheurs de l'invasion, le domaine de Rambouillet et son vieux château sont encore une des curiosités les plus attachantes de la France.

Les soldats prussiens ont respecté la demeure des rois, à peine si le mobilier, peu considérable d'ailleurs, a souffert d'une occupation de six mois. Si les bois ont éprouvé des dégâts regrettables, et surtout, si le gibier de la forêt a disparu, il faut s'en prendre aux riverains et aux pillards qui suivent les armées, mais le parc et les jardins sont restés intacts, et si de nouveaux désastres ne sont point destinés à la

France, Rambouillet peut encore élever fièrement la tête parmi les plus nobles résidences de la vieille Europe.

Aujourd'hui 31 mai 1871, le château de Rambouillet est habité par le général de Cathelineau et son état-major. Le corps des volontaires qu'il commande est caserné dans les bâtiments des anciens gardes du corps ou campe dans les longues avenues de la forêt. Les blessés et les malades sont soignés par des sœurs dirigées par Mme de Cathelineau, dans l'ancienne faisanderie, c'est là, qu'ange de charité, elle veille sur les victimes de nos discordes civiles comme elle le faisait à Orléans, au Mans, à Montfort, sous les balles et la mitraille de l'ennemi.

Le son du tambour et du clairon des Vendéens, des Bretons, des Normands, retentit dans les bois au nom de la France, au nom de la civilisation, de l'ordre et de la liberté, répété par les mêmes échos, qui redisaient les fanfares des preux de Charlemagne, des chevaliers de François Ier, des mousquetaires de Louis XIV, et des gardes du corps de Charles X. Espérons que le château de Rambouillet reverra encore d'illustres hôtes, et que de nouveau le sol de la forêt des Yvelines retentira sous les pas des veneurs, dans ce noble *déduit* qui fut de tout temps l'exercice privilégié de nos rois.

DESCRIPTION

LE CHATEAU

Le château de Rambouillet date, comme nous l'avons vu, de la fin du *quatorzième siècle*, mais il ne reste plus de la construction première que les grosses œuvres et la tour crénelée. Tout le reste a subi des modifications considérables qui le dénaturent entièrement et en font un ensemble d'une simplicité non sans charme, mais dont la pensée répond peu à celle que doit inspirer une habitation princière. Outre la grosse tour, faisant face à l'entrée principale, le château se compose de quatre tours d'un moindre volume, terminées par des toitures en ardoises.

L'entrée a lieu par une cour intérieure d'une médiocre étendue, et trois façades donnent sur les jardins et la pièce d'eau.

On pénètre dans le château par un perron d'une simple architecture, qui conduit à de vastes escaliers par lesquels on accède aux appartements des divers étages.

On trouve d'abord le grand salon, belle pièce moderne, éclairée par trois grandes fenêtres qui donnent sur les jardins et les pièces d'eau. A côté, au levant, la chambre du roi Charles X, ainsi que l'antichambre qui en dépend où il signa son abdication.

En revenant dans l'aile gauche, se trouvent une suite d'appartements du plus beau style, qui comprennent la chapelle, la salle de billard, le salon et les cabinets de travail ornés de superbes boiseries du temps du comte de Toulouse dont il a été parlé dans la première partie. On y remarque le chiffre de la femme du comte, Marie-Sophie de Noailles. On voit encore à côté la salle de bains avec les peintures murales et la chambre à coucher de Napoléon Ier. Au second étage, on montre les appartements de madame la duchesse de Berry.

C'est par la tour que l'on accède à la chambre, dite de François Ier. Cet appartement, divisé maintenant en plusieurs pièces, n'a plus rien qui rappelle sa destination.

Les étages supérieurs du château sont divisés en multitude de petites pièces destinées à l'habitation des hôtes de passage que pouvaient y amener les séjours des souverains ou les déplacements de chasse.

Le rez-de-chaussée, sur les jardins, est occupé par une belle salle à manger, dite salle de marbre, fort belle pièce, si le plafond était plus élevé. De l'autre côté du péristyle, est la cuisine actuelle autrefois salle des gardes.

En suivant le sol des jardins, on trouve un appartement spécial appelé la salle de faïence, dont la décoration est unique au monde, le sol est formé de briques de vieux Rouen, qui remonte à 1542, les murs sont entièrement recouverts de carreaux de faïence du plus beau style qui encadrent deux magnifiques marines de fabrique hollandaise, que l'on attribue à l'époque du comte de Toulouse, grand amiral de France. Cette pièce, du plus haut intérêt céramique, est assez bien conservée, mais il serait urgent d'y opérer quelques réparations de conservation.

Les anciennes cuisines étaient sous terre, au haut de la cour, dans les communs, on y accédait du château par un souterrain dont les regards grillés indiquent la direction.

Tel qu'il est, le château de Rambouillet offre un aspect d'une rustique simplicité et d'une grandeur modeste, indigne peut-être d'un banquier de nos jours, mais digne de recevoir un roi de France, qui y retrouverait à chaque pas le souvenir de ses aïeux.

Les gouverneurs du château de Rambouillet ont été :
MM.
Le comte d'Angiviller, sous Louis XVI ;
Le duc de Sérent, sous Louis XVIII ;
Le duc de Lorges, sous Louis XVIII et Charles X ;
Le comte de Durfort, sous Charles X.

LES JARDINS

La partie la plus remarquable du domaine de Rambouillet est certainement celle des jardins, qui s'étendent avec leurs pièces d'eau, leurs pelouses et leurs arbres magnifiques sous la façade méridionale du château ; on la distingue, outre le parterre, en jardin français et en jardin anglais.

Les pièces d'eau sont séparées par quatre grandes îles et deux petites formant ici de riches tapis de verdure, là des massifs ondoyants dont rien n'égale la magnificence.

L'une de ces îles se fait remarquer par de gigantesques rochers qui en forment le sommet et dans l'un desquels se trouve la grotte de Rabelais, où cet esprit bizarre médita, dit-on, plusieurs de ses ouvrages.

Le parterre et le jardin français appartiennent à l'époque du comte de Toulouse qui les fit établir sur les dessins de le Nôtre. C'est un des plus magnifiques spécimens de la vieille ornementation française trop négligée de nos jours. On y remarque surtout, à droite du château, un beau quinconce de tilleuls, qui n'a pas son pareil au monde, il a 195 mètres de longueur sur 70 de largeur, et se compose de 560 pieds d'arbres.

A gauche, ce sont des avenues de tilleuls et d'accacias, des tapis de verdure, des plates-bandes de fleurs, une salle de gigantesques tulipiers et partout de silencieux ombrages.

Le beau bassin, dont les eaux dormantes réflètent les merveilles champêtres des jardins, a servi plus d'une fois dit-on aux fêtes nautiques du jeune duc de Penthièvre, qui devait hériter de son père de la charge de grand amiral de France.

« C'est là, dit M. Emile Bellet, que le gouverneur
» du prince, le marquis de Pardaillan, avait fait
» venir de Brest une petite flotte en miniature (qu'on
» vit longtemps flotter à pleines voiles sur les eaux
» du parc de Rambouillet); l'enfant grimpait aux
» mâts, mettait le feu aux canons, commandait la
» manœuvre, et au besoin se sauvait héroïquement
» à la nage, son épée à la main. »

Le jardin anglais, d'un dessin magistral et savant, fut tracé par les ordres du duc de Penthièvre et restauré sous Napoléon Ier.

Parmi les choses curieuses ou dignes de souvenir que renferme le jardin anglais on cite : *l'Ermitage*, jolie chapelle rustique entourée de chênes et d'arbres verts, *la Grotte des Amants*, rochers factices d'où semble sortir la rivière des canaux et qui a pris son nom d'un évènement arrivé en 1790. Deux jeunes fiancés ayant cherché dans le rocher un abri contre l'orage y furent tués par la foudre peu de jours avant l'époque fixée pour leur mariage. Enfin, *la Chaumière*, charmante construction que le duc de Penthièvre avait fait construire. A l'extérieur c'est une véritable chaumière, toit de paille, murs grossiers, portes et fenêtres de bois à peine travaillé; mais l'intérieur, surtout à l'éclat des lumières, offre le plus magnifique spectacle qu'on puisse rêver. C'est une salle tapissée dans tout son pourtour et son plafond de brillants coquillages, disposés avec un art infini et formant des colonnes du goût le plus pur. A côté, par une porte dissimulée, on pénètre dans un petit réduit plus merveilleux encore que le premier, sur la cheminée, une glace de Venise autour de laquelle, par un mécanisme ingénieux, de petits soldats de bois, cachés dans les pilastres, venaient présenter les armes au visiteur.

La collection des arbres fruitiers et d'agrément qui décore les jardins de Rambouillet passe pour la plus belle qui existe.

On remarque surtout la superbe allée qui borde la pièce d'eau du Rondeau et à laquelle on donne une origine légendaire.

Louis XVI avait demandé en Amérique une collection de graines d'arbres du plus beau choix. Ces graines arrivèrent quelques jours après la mort du roi ; les caisses qui les contenaient, négligées par les gardiens qui n'en connaissaient pas la valeur, furent déposées dans les greniers où elles se brisèrent ; les graines furent balayées par les vents sur les fumiers des cours. Ces fumiers répandus sur une prairie basse la couvrirent d'une riche verdure dans laquelle le savant M. Bourgeois, directeur de la Ferme Nationale, reconnut le cyprès chauve de la Louisiane. Il recueillit en pépinière ces précieuses épaves, qui ont servi à planter cette allée dont les arbres, arrivés maintenant à leur complète magnificence, sont un des plus délicieux ornements des jardins de Rambouillet.

LA LAITERIE

En suivant la route de Guéville, là où elle se rencontre avec celle de la Porte-Verte, on aperçoit une grille modeste avec communs de chaque côté. A droite, en entrant, se trouve la loge du portier et l'étable des vaches, à gauche un pavillon composé de deux pièces servant de salle de repos. On prétend que Napoléon Ier y venait déjeuner souvent, dans ses séjours à Rambouillet. La première pièce forme antichambre et la seconde est un salon de forme circulaire orné de quatre belles fresques représentant les quatre saisons.

En face de l'entrée on aperçoit un petit temple d'une grandiose simplicité. Sur le fronton est écrit : *Laiterie de la Reine.*

Cette inscription fait rêver, que de révolutions ont passé sur la France, depuis que le ciseau du marbrier a gravé ces lettres, mais entourées d'un pieux respect, elles ont traversé les républiques et les empires noblement, protégées par le prestige qui s'y rattachait.

La première pièce se compose d'un salon éclairé par un vitrage en dôme. Le portour est garni, dans toute son étendue, d'une tablette de marbre. C'est là où se plaçaient les jattes de lait et où l'on manipulait le beurre et le fromage. Autrefois, cette pièce contenait quatre bas-reliefs d'un magnifique travail représentant des scènes de la vie champêtre. On dit qu'ils furent enlevés sous le Consulat pour en orner la laiterie de Joséphine à la Malmaison, et qu'à la vente du mobilier de ce château ils furent achetés par un Anglais. La seconde pièce, garnie de jets d'eau, représente une grotte factice en pierres blanches d'où l'eau s'élance de toutes parts et au milieu de laquelle se trouve une Suzanne au bain de Beauvalet. Cette statue remplace celle de la nymphe à la chèvre de Julien que possèdent maintenant les galeries du Louvre, et qui convenait mieux à une laiterie que celle qui l'a remplacée.

Cette pièce contenait autrefois deux grands bas-reliefs incrustés dans le mur, l'un à gauche représentant l'éducation de Jupiter par les Chorybantes; l'autre, Appollon guidant les troupeaux d'Admète. Il est probable que ces beaux objets d'art ont été portés à la Malmaison et ont eu le sort des autres.

La laiterie est entourée d'un herbage ou depuis longtemps on a laissé pousser des arbres.

Tel est le délicieux réduit où la reine de France venait chercher la paix des champs tandis que l'enfer épuisait contre elle le carquois de ses fureurs.

LA BERGERIE

C'est à Louis XVI, comme nous l'avons dit, qu'on doit la bergerie du troupeau mérinos de Rambouillet. La renommée de cet établissement est universelle. En effet, ce n'est pas seulement de la réunion d'un certain nombre de producteurs de choix destinés à la propagation ou même à l'amélioration de la race ovine qu'il s'agit ici, c'est de la création d'une espèce particulière, d'une variété *sui generis*, dont la souche est bien espagnole, mais acclimatée à la latitude de la France et modifiée, améliorée, par des accouplements savants et des soins judicieux et persévérants. La formation de l'espèce de Rambouillet a beaucoup d'analogie avec celle de l'espèce chevaline de pur sang anglais. Celle-ci provenant du type oriental s'est modifiée dans le nord de l'Europe jusqu'à devenir tout autre que celle dont elle est issue, apte à remplir d'autres destinées et à répondre à des besoins plus étendus. Celle-là diffère également du type primitif mais répond également aux nécessités des contrées où elle a été transplantée. La race ovine de Rambouillet, devenue race mère à son tour, est recherchée dans le monde entier pour les croisements des espèces indigènes et leur amélioration. L'Allemagne, la Russie, l'Amérique, l'Australie, viennent chaque année enlever tout ce que peut livrer de jeunes produits la bergerie de Rambouillet. On voit souvent des béliers de cette race se vendre 10,000 francs la pièce.

Depuis vingt ans, la bergerie de Rambouillet a vendu pour un million de reproducteurs répartis sur un chiffre d'environ 800 têtes par an.

La bergerie de Rambouillet et la ferme des cultures sont assises près de l'étang sur l'emplacement de l'ancien manoir de Montorgueil. Ce fut en 1780 que Louis XVI chargea son ambassadeur M. de Vauguyon, d'obtenir du roi d'Espagne l'introduction en France d'un troupeau de moutons mérinos de la race de Ségovie. Ce troupeau arriva en France le 12 octobre, il était composé de 42 béliers et de 336 brebis choisis non-seulement parmi les types les plus parfaits, mais encore de familles diverses afin d'éviter les inconvénients de la consanguinité. Le troupeau fut confié à la direction intelligente de M. Bourgeois, père, et après lui, de M. Bourgeois, fils; ils eurent pour successeurs, le baron de Trannon, MM. Bourdon, Elisée Lefèvre, Bichat, le baron d'Aurier, et maintenant M. Bernardin.

Parmi les savants qui ont le plus contribué par leur influence et leurs conseils aux succès de la bergerie de Rambouillet, il faut citer en première ligne le célèbre Daubenton, MM. Tissier, Yvart, et maintenant M. Tisserant, inspecteur général d'agriculture.

Rien n'égale la perfection des méthodes employées pour la conservation, et s'il est possible de le dire, pour l'amélioration progressive en vue du but que l'on veut atteindre, de l'espèce franco-espagnole des moutons de Rambouillet.

Si l'on eut usé envers la race chevaline dans les haras de l'Etat, non pas des mêmes systèmes bien entendu, puisqu'il s'agissait d'aptitudes et de destinations différentes, mais de systèmes analogues, aussi médités, aussi persévérents, aussi suivis, notre espèce chevaline serait comme la variété ovine de Rambouillet la première du monde. Mais ici, il s'agissait de moutons et l'on a laissé faire les hommes de science et de talent. Là il s'agissait de la question chevaline, c'est-à-dire de celle qui demande le plus de science, le plus de talent, le plus d'études, le plus d'expérience; de la question enfin qui importe le plus à la gloire, à la force et à la virilité du pays, et on l'a laissée sans cesse patauger dans les systèmes les plus opposés et les plus incertains. L'on a eu soin de varier à chaque instant la direction qui lui était donnée afin de détruire toute tradition, d'anéantir toute suite dans les idées et toute vitalité dans l'institution. Parmi tout ce qui est à refaire en France espérons qu'on pensera un jour aux haras de l'Etat.

On ne peut oublier dans les chroniques de la bergerie de rappeler le souvenir du premier berger, M. Delorme, dont la science et l'honorabilité étaient tenues en haute estime par le roi Louis XVI. Son portrait en costume de ses fonctions est conservé dans les archives de la bergerie.

Il y est représenté, accompagné de son chien Labrie qui, lui aussi, a sa célébrité. C'est le père de cette magnifique race des chiens dits de Rambouillet, qui n'ont pas leur pareil au monde pour la garde des troupeaux, l'intelligence et la fidélité.

LA FORÊT

La forêt de Rambouillet, vieux débris de ce qui fut autrefois la forêt des Yvelines, est encore une des plus belles et des plus vastes de France, elle contient 12,000 hectares et environne de tous côtés la ville de Rambouillet. Elle se divise en deux parties principales, l'une qui a conservé spécialement le nom des *Yvelines* comprend les bois de *Sonchamps,* de *Seille* et de *Rochefort;* l'autre comprend les bois de *Gazeran,* de la *Pommeraye,* de *Vilpair* et la forêt de *Saint-Léger* où existait autrefois le haras des rois de France.

Ces bois sont percés de trois cents avenues qui en facilitent le parcours dans toutes les directions et parsemés d'un grand nombre de jolis villages et de vieux châteaux en ruine, qui se rattachent aux grands épisodes de notre histoire nationale.

Cette forêt peuplée de cerfs et de chevreuils, a été depuis les temps les plus reculés, le principal théâtre des chasses de nos rois, et de nos jours encore, avoir chassé à Rambouillet était un honneur et un souvenir précieux pour les veneurs de France. Tout, en effet, est disposé dans ces bois légendaires pour le noble déduit de la haute vénerie. Vastes allées, hautes futaies, taillis, fourrés, tirés magnifiques et admirablement disposés, tout se réunit pour l'agrément et la facilité de la grande et de la petite chasse.

Le grand parc contient 1,200 hectares clos de murs, plantés de taillis et de hautes futaies, et coupés d'allées d'un savant dessin.

Le petit parc servait à l'élevage des jeunes fauves destinés à repeupler la forêt.

FIN.

Imprimerie de RAYNAL, à Rambouillet.

www.ingramcontent.com/pod-product-compliance
Lightning Source LLC
Chambersburg PA
CBHW070703050426
42451CB00008B/470